HORA DE DESENHAR!
SIGA O PASSO A PASSO PARA DESENHAR A **OVELHA**.

CB002935

1

2

3

4

VOCÊ SABE O NOME DE ALGUNS JOGOS E **BRINCADEIRAS** PARA FAZER COM OS SEUS AMIGOS EM DIAS ENSOLARADOS? OBSERVE O QUADRO ABAIXO E ENCONTRE O NOME DE ALGUNS DELES.

PULAR CORDA • MÍMICA • PEGA-PEGA • AMARELINHA • QUEIMADA

P	H	P	E	G	A	-	P	E	G	A
U	M	U	O	L	A	Õ	M	A	G	M
L	I	L	N	G	F	P	O	T	-	A
A	L	T	M	Í	M	I	C	A	S	R
R	Q	-	H	L	E	L	A	B	A	E
C	R	U	P	N	M	G	U	E	B	L
O	U	T	E	G	U	A	Õ	T	F	I
R	H	A	S	B	M	F	-	N	B	N
D	L	F	H	P	G	N	Q	U	A	H
A	R	T	Q	U	E	I	M	A	D	A

VOCÊ SABIA QUE ALGUNS **ANIMAIS** PODEM MORAR CONOSCO DENTRO DE **CASA**? OBSERVE A CENA E MARQUE APENAS OS ANIMAIS QUE **NÃO** SÃO **DOMÉSTICOS**, OU SEJA, AQUELES QUE NÃO MORAM DENTRO DE NOSSAS CASAS.

AGORA, OBSERVE MAIS UM POUCO A CENA E ENCONTRE OS ITENS A SEGUIR:

UM DOS **PEIXINHOS** SE PERDEU DO **CARDUME**. SIGA A SEQUÊNCIA FORMADA PELAS VOGAIS **A-E-I-O-U** PARA LEVÁ-LO ATÉ OS OUTROS PEIXES.

PEIXINHO

CARDUME

AGORA, DESCUBRA QUAL **OUTRO CAMINHO** O PEIXINHO PODERIA TER FEITO, SEGUINDO A SEQUÊNCIA FORMADA PELA PALAVRA **"PEIXE"**.

LIGUE AS IMAGENS ÀS **PALAVRAS** CORRESPONDENTES E, DEPOIS, LIGUE-AS ÀS **VOGAIS** QUE COMEÇAM SEUS NOMES.

ONÇA

ARANHA

URSO

IGUANA

ELEFANTE